BEGINNERS'
WELSH

By

Stephen J. Williams

M.A., D.Litt.

Senior Lecturer in Welsh Language and Literature
at the University College of Swansea

British Library Cataloguing-in-Publication Data
A catalogue record for this book is available from the
British Library

The Welsh Language

Welsh (*Cymraeg* or *y Gymraeg*) is a member of the Brittonic branch of the Celtic languages spoken natively in Wales, by some along the Welsh border in England, and in Y Wladfa (the Welsh colony in Chubut Province, Argentina).

The name Welsh originated as an exonym given to its speakers by the Anglo-Saxons, meaning 'foreign speech' (from *Walha* – a proto-Germanic word meaning foreigner or stranger). The native term for the language is *Cymraeg* and *Cymru*, literally meaning 'Wales'. Welsh emerged in the sixth century from Common Brittonic, the shared ancestor of Welsh, Breton, Cornish and the extinct language known as Cumbric. Common Brittonic was an ancient Celtic language spoken in Britain, and evidence from Welsh shows a great influence from Latin on Common Brittonic during the Roman period, and especially so in terms related to the Church and Christianity, which are nearly all Latin derivatives.

It is generally held that the evolution in syllabic structure and sound pattern was complete by around 550. The period between then and about 800 is termed 'Primitive Welsh'. This Primitive Welsh may have been spoken in both Wales and the *Hen Ogledd* ('Old North') – the Brythonic-speaking areas of what is now northern England and southern Scotland. The earliest Welsh poetry, that attributed to the *Cynfeirdd* or 'Early Poets', is generally considered to date to the Primitive Welsh period.

Four periods are identified in the history of Welsh, with rather indistinct boundaries: 'Primitive Welsh', or 'Archaic Welsh' (previously mentioned); followed by the 'Old Welsh' period, considered to stretch from the beginning of the ninth century to the twelfth century. Many poems and some prose have been preserved from this era, although some are in later manuscripts, for example the text of *y Gododdin*. This marvellous tome is a medieval Welsh poem consisting of a series of elegies to the men of the Brittonic kingdom of Gododdin and its allies who, according to the conventional interpretation, died fighting the Angles of Deira in 600. The oldest surviving text entirely in Old Welsh is probably that on a gravestone now in Tywyn church, thought to date from the seventh century.

The Middle Welsh period is considered to have lasted from the twelfth, until the fourteenth century, when the Modern Welsh period began, which in turn divided into Early and Late Modern Welsh. Middle Welsh is the language of nearly all surviving early manuscripts of the *Mabinogion*, although the tales themselves are certainly much older. It is also the language of most of the manuscripts of Welsh law, and is reasonably intelligible, albeit with some work, to a modern-day Welsh speaker. The famous cleric Gerald of Wales tells a story of King Henry II of England; during one of the King's many raids in the twelfth century, Henry asked an old man of Pencader, Carmarthenshire, whether he thought the Welsh language had any chance:

Never will it be destroyed by the wrath of man, unless the wrath of God be added, nor do I think that any other nation than this of Wales, or any other tongue, whatever may hereafter come to pass, shall on the day of the great reckoning before the Most High Judge, answer for this corner of the Earth.

Late Modern Welsh began with the publication of William Morgan's translation of the Bible in 1588. Like its English counterpart, the King James Version, this proved to have a strong stabilizing effect on the language, and indeed the language today still bears the same Late Modern label as Morgan's language. Of course, many changes have occurred since then. The language enjoyed a further boost in the nineteenth century, with the publication of some of the first complete and concise Welsh dictionaries. Early work by Welsh lexicographic pioneers such as Daniel Silvan Evans ensured that the language was documented as accurately as possible.

The influx of English workers during the Industrial Revolution in Wales from about 1800 onwards led to a substantial dilution of the Welsh-speaking population of Wales. English migrants seldom learnt Welsh and their Welsh colleagues tended to speak English in mixed Welsh–English contexts. So bilingualism became almost universal. The legal status of Welsh was inferior to that of English, and so English gradually came to prevail, except in the most rural areas, particularly in north-west and mid-Wales. An important exception, however, was in the non-conformist churches, which were strongly associated with the Welsh language.

By the twentieth century, the numbers of Welsh speakers were shrinking at a rate which suggested that the language would be extinct within a few generations. According to the 1911 census, out of a population of just under 2.5 million, 43.5% of those aged three years and upwards in Wales and Monmouthshire spoke Welsh. This was a decrease from the 1891 census with 49.9% speaking Welsh out of a population of 1.5 million. With the advent of broadcasting in Wales, *Plaid Cymru* protested against the lack of Welsh-language programmes in Wales and launched a campaign to withhold licence fees. Pressure was successful, and by the mid-1930s more Welsh-language programming was broadcast, with the formal establishment of a Welsh regional broadcasting channel by 1937.

With concern for the Welsh language mounting in the 1960s, the Welsh Language Act 1967 was passed, giving some legal protection for the use of Welsh in official government business. The Act was based on the Hughes Parry report, published in 1965, which advocated equal validity for Welsh in speech and in written documents, both in the courts and in public administration in Wales. Although Welsh is a minority language, support for it grew during the second half of the twentieth century, along with the rise of organisations such as the nationalist political party *Plaid Cymru* from 1925 and *Cymdeithas yr Iaith Gymraeg* ('The Welsh Language Society') from 1962. More recently, on 7th December 2010, the Welsh Assembly unanimously approved a set of measures to develop the use of the Welsh language within Wales. Since 2000, the teaching of Welsh has been compulsory in all schools in Wales up to age sixteen,; a change that has had a major effect in stabilising and to some extent reversing the decline in the language.

The welsh language is a fascinating linguistic area, with a long and diverse history. The language has changed, almost unrecognisably over time – and excitingly, continues to develop and progress in the present day. Despite its recent decline in numbers, it is hoped that the welsh language will continue to thrive and flourish.

The Alphabet—Y Wyddor

A B C CH D DD E F FF G NG H I L LL M N O
P PH R S T TH U W Y

A Guide to Pronunciation

The accent in Welsh words is nearly always on the last syllable but one, except in a few instances when it falls on the last syllable. In most cases these exceptions are distinguished by the vowels being circumflexed or aspirated with " h."

There are no silent letters in Welsh words, and the same letter has nearly always the same sound, so that after the pronunciation of the alphabet has been thoroughly mastered, the learner should have little difficulty in pronouncing any Welsh word correctly.

A short as in " man," or long as in " half." Never as in " mane."

B as in English.

C as in " can," never as in " city."

CH a guttural sound as in Scotch word " loch," much emphasised; never sounded as in the word " church."

D as in English.

DD* has the sound of " th " in " this " or in " heather," never as the " th " in " smith " or " earth."

E as in "men," or as " a " in " lady."

F as in " of," or as " v " in " ever."

FF* as " f " in " for " or " ff " in " effort."

2

G always hard as " gg " in " egg," never soft as " g " in " gin."

NG* nasal as in " ring."

H always aspirated as in " hard."

I short as " i " in " win," or long as " ee " in " queen."

L as in English.

LL* has no equivalent sound in English, but is pronounced by placing the tip of the tongue at the back of the top teeth, and forcing out the breath on both sides of the tongue.

M as in English.

N as in English.

O short as " o " in " not " or long as " o " in " rose."

P as in English.

PH* as " ph " in " physic " (has the same sound as the Welsh " ff ").

R always trilled as " rr " in " arrow " or " r " in the French word " père."

S as in " sin," never as in " things."

T as in English.

TH* as in " thin."

U as " y " in " hymn."

W as " oo " in " fool."

Y as " u " in " run " ; when occurring in the last syllable of words of more than one syllable and followed by a vowel, is sounded like the " y " in " hymn."

*These letters, when appearing in Welsh words, are not simply double letters, but have always the special sounds as described above.

The only consonants which are doubled in Welsh are N and R. The letters J K V X and Z never occur in any purely Welsh words

Conversation—Ymddiddan

ON THE JOURNEY	AR Y DAITH
Is there any room ?	A oes lle yna ?
There is plenty of room here.	Mae digon o le yma.
Do not move.	Peidiwch a symud.
May I open the window ?	A gaf fi agor y ffenestr ?
Shut the window, if you please.	Cauwch y ffenestr, os gwelwch yn dda.
Are you going far ?	A ydych chwi yn myned ymhell ?
I am going to Wales.	Yr wyf yn myned i Gymru.
Indeed ! What part ? Glamorganshire ?	Yn wir ! Par ran ? Sir Forgannwg ?
No; I am going to Pembrokeshire.	Nage; yr wyf yn myned i Sir Benfro.
Then I shall have the pleasure of your company.	Felly caf y pleser o'ch cwmni.
That will be very agreeable.	Bydd hynny'n ddymunol iawn.
Do we change carriages on the journey ?	A ydym yn newid cerbydau ar y daith ?
I think so.	Yr wyf yn meddwl ein bod.
No, I do not think so.	Na, nid wyf yn meddwl ein bod.
Have you ever been in Pembrokeshire before ?	A fuoch chwi yn Sir Benfro erioed o'r blaen ?
Yes, many times. I lived there several years.	Do, lawer gwaith. Bum yn byw yno am amryw flynyddoedd.
What is the name of the next station ?	Beth yw enw'r orsaf nesaf ?

4

The next station is ——.	Yr orsaf nesaf yw ——.
I believe we are about ten miles and a half off.	Yr wyf yn credu ein bod tua deng milltir a hanner oddi yno.
I did not know we were so near.	Nid oeddwn yn gwybod ein bod mor agos.
We shall be there in half an hour.	Byddwn yno ymhen hanner awr.
Do we pass through —— ?	A ydym yn myned drwy —— ?
No; we leave it on the left—on the right.	Nac ydym; yr ydym yn ei adael ar y chwith—ar y dde.
How quick we are going !	Mor gyflym yr ydym yn myned !
This carriage shakes a good deal.	Mae'r cerbyd hwn yn ysgwyd llawer iawn.
They are slackening speed.	Maent yn arafu.
We have almost arrived.	Yr ydym bron wedi cyrraedd.
We are close by.	Yr ydym yn ymyl.
Five minutes more and we shall be there.	Pum munud eto, a byddwn yno.
Do you know of a good hotel ?	A wyddoch chwi am westy da ?
Which is the best hotel.	Pa un yw'r gwesty gorau ?
I should go to the " Queen's " if I were you.	Mi awn i'r " Queen's " pe bawn i chwi.
Is that far from the station ?	A ydyw ymhell o'r orsaf ?
I will take you there, if you like.	Mi a'ch cymeraf yno, os mynnwch.
You are very kind.	Yr ydych yn garedig iawn.

THE HOTEL	Y GWESTY
Good morning to you.	Bore da i chwi.
Good morning, sir.	Bore da, syr.
Can you give me a bed ?	A ellwch chwi roi gwely i mi.

5

With great pleasure.	Gyda phleser mawr.
What is the number of my room ?	Pa beth yw rhif fy ystafell ?
Number eleven.	Rhif un-ar-ddeg.
Show me the way.	Dangoswch y ffordd i mi.
Take my bag up.	Cymerwch fy mag i fyny.
My luggage is at the station; please send for it.	Mae fy magiau yn yr orsaf; anfonwch amdanynt, os gwelwch yn dda.
Where is the waiter ?	Pa le mae'r gweinydd ?
Can you speak English ?	A fedrwch chwi siarad Saesneg ?
Yes, a little.	Medraf, ychydig.
I understand a little, but cannot speak it.	Yr wyf yn deall ychydig, ond ni allaf ei siarad.
Do you understand me ?	A ydych chwi yn fy neall i ?
I do not understand you.	Nid wyf yn eich deall.
He does not know how to speak English.	Nid yw ef yn gwybod pa fodd i siarad Saesneg.
She knows English fairly well.	Mae hi yn gwybod Saesneg yn lled dda.
Not much.	Dim llawer.
You speak well enough.	Yr ydych yn siarad yn eithaf da.
You speak better than I.	Yr ydych chwi yn siarad yn well na mi.
Do not speak so fast. if you please.	Peidiwch a siarad mor gyflym, os gwelwch yn dda.
Have you a table d'hote.	A oes gennych ginio cyhoeddus ?
At what time ? What is the price ?	Pa bryd ? Beth yw'r pris ?
What time do we dine today ?	Pa bryd y byddwn yn ciniawa heddiw ?

We are to dine at two o'clock.	Yr ydym i giniawa am ddau o'r gloch.
Be so good as to bring me a knife.	Byddwch cystal ac estyn cyllell i mi.
Be so good as to bring me a fork.	Byddwch cystal ag estyn fforc i mi.
Be so good as to bring me a spoon.	Byddwch cystal ag estyn llwy i mi.
Be so good as to bring me a plate.	Byddwch cystal ag estyn plât i mi.
Be so good as to bring me a glass.	Byddwch cystal ag estyn gwydr i mi.
I wish to have tea, with bread and butter and cold meat.	Yr wyf fi yn dymuno cael tê, gyda bara ac ymenyn a chig oer.
Have you cold meat ?	A oes gennych gig oer ?
What can I offer you ?	Pa beth a allaf gynnig i chwi ?
Shall I help you to some of this ?	A gaf fi eich helpu â pheth o hwn ?
A little, if you please.	Ychydig, os gwelwch yn dda.
That is enough, thank you.	Dyna ddigon, diolch i chwi.
I have quite done.	Yr wyf wedi cwbl orffen.
Will you take some beer ?	A gymerwch chwi gwrw ?
Thank you, I prefer water.	Diolch i chwi, mae yn well gennyf ddwfr.
Let us have breakfast.	Gadewch i ni gael brecwast.
Is breakfast ready ?	A ydyw brecwast yn barod ?
Bring me (us) some bread and butter.	Dygwch i mi (ni) fara ac ymenyn.
Bring me an egg.	Dygwch wy i mi.
Give us some boiled eggs.	Rhoddwch i ni rai wyau wedi eu berwi.
A cup of Tea—of Coffee.	Cwpanaid o dê—o goffi.

Bring another cup of tea.	Dygwch gwpanaid arall o dê.
Will you have some more ?	A gymerwch chwi ychwaneg ?
Nothing more, thank you.	Dim yn ychwaneg, diolch i chwi.
Is there a letter for me ?	A oes yna lythyr i mi ?
Please send those things to the laundry.	Anfonwch y pethau yna i'w golchi os gwelwch yn dda.
When do you want them returned ?	Pa bryd y mae arnoch eu heisiau yn ôl.
Be sure to let me have them on Saturday.	Byddwch yn siwr o adael i mi eu cael dydd Sadwrn.
Give me some notepaper, envelopes a pen, and ink.	Rhoddwch i mi bapur ysgrifennu, amlenni, pen ac inc.
What day of the month is it ?	Pa ddydd o'r mis ydyw ?
It is the twenty-fourth.	Y pedwerydd-ar-hugain ydyw.
Where is the Post Office ?	Pa le mae'r Llythyrdy ?
Is there anything to be seen here?	A oes rhywbeth i'w weld yma ?
Is there anything to be seen there?	A oes rhwybeth i'w weld yno ?
What churches are to be seen in this neighbourhood ?	Pa eglwysi sydd i'w gweld yn y gymdogaeth yma ?
What public buildings are to be seen in this neighbourhood ?	Pa adeiladau cyhoeddus sydd i'w gweld yn y gymdogaeth yma ?
How far is it from here to —— ?	Pa mor bell yw hi oddi yma i — ?
About forty—sixty—miles.	Tua deugain—trigain—milltir.
What time does the first train start tomorrow morning ?	Pa bryd bydd y trên cyntaf yn cychwyn bore yfory ?
Let me have the bill.	Gadewch i mi gael y bil.
Here is your bill, sir.	Dyma eich bil, syr.
I think you will find that right, sir.	Credaf y cewch hwnna yn gywir, syr.
Call me at eight o'clock.	Galwch fi am wyth o'r gloch.
Good night.	Nos da.

ASKING THE WAY	GOFYN Y FFORDD
Which is the way to —— ?	Pa un yw'r ffordd —— ?
Go straight on.	Ewch ymlaen ar eich hunion.
About how far is it ?	Oddeutu pa mor bell ydyw ?
About three miles and a half.	Oddeutu tair milltir a hanner.
Is there a conveyance ?	A oes yna gerbyd ?
This omnibus goes to ——.	Mae'r bws yma'n mynd i ——.
Where do you want to go ?	I ba le yr ydych am fynd ?
Will you put me down as near as you can to —— ?	A wnewch chwi fy ngosod i lawr mor agos ag y gellwch i —— ?
Wait here.	Arhoswch yma.
Have you any change ?	A oes gennych newid ?
Do you want any silver ?	A oes arnoch eisiau arian gleision?
No, thank you ?	Nac oes, diolch.
Am I going the right way to — ?	A ydwyf yn myned y ffordd iawn i —— ?
Is this the nearest road to —— ?	Ai hon yw'r ffordd agosaf i —— ?
You are going quite wrong.	Yr ydych yn myned yn hollol o chwith.
Which way ought I to go ?	Pa ffordd y dylwn fyned ?
Can I go to —— in half an hour ?	A allaf fyned i —— mewn hanner awr ?
Does this road lead to —— ?	A yw'r ffordd hon yn arwain i —?
Can you tell me the way to —— ?	A fedrwch chwi ddweud wrthyf y ffordd i —— ?
Is it far from here ?	A ydyw ymhell oddi yma ?
Have I far to go ?	A oes gennyf ffordd bell i fyned ?

Not much more than a mile.	Dim llawer mwy na milltir.
I don't think it is a mile.	Nid wyf yn meddwl ei bod yn filltir.
It is fully six miles.	Mae hi'n llawn chwe milltir.
Which is the best way to go to —— from here ?	Pa un yw'r ffordd orau i fyned i —— oddiyma ?
You have quite mistaken the way.	Yr ydych wedi camgymeryd y ffordd yn hollol.
You will come to a cross road.	Deuwch at groesffordd.
Which way should I turn ? —	Pa ffordd y dylwn droi ?
You can't miss the way.	Ni ellwch golli'r ffordd.
Take the first turning on the left.	Cymerwch y troad cyntaf ar y chwith.
Turn to the right.	Trowch ar y dde.
Ask at the first house you come to.	Gofynnwch yn y tŷ cyntaf y deuwch ato.
Follow this path; it will take you there.	Dilynwch y llwybr yma; fe aiff a chwi yno.
On which side is it ?	Ar ba ochr y mae ?
On this side.	Ar yr ochr yma.
On the other side.	Ar yr ochr arall.
Must I cross the bridge.	A raid i mi groesi'r bont ?
Many thanks.	Llawer o ddiolch (or) Diolch yn fawr.
What river is this ?	Pa afon yw hon ?
What is its name ?	Beth yw ei henw ?
What is this place called ?	Pa beth y gelwir y lle hwn ?
I thank you very much.	Yr wyf yn diolch yn fawr i chwi.
What is this building ?	Pa adeilad yw hwn ?
May we go in ?	A allwn ni fyned i mewn ?
I must see it.	Rhaid i mi ei weld.

10

ON MEETING	WRTH GYFARFOD
Good morning, sir.	Bore da, syr.
What ! You here !	Beth ! y chwi yma !
How do you do today ?	Sut yr ydych chwi heddiw ?
I hope you are well.	Gobeithiaf eich bod yn iach.
When did you come ?	Pa bryd y daethoch ?
Yesterday.	Ddoe.
Today.	Heddiw.
Last night.	Neithiwr.
How is your father ?	Sut mae eich tad ?
He is quite well, thank you.	Y mae'n eithaf iach, diolch.
Very well.	Da iawn.
How is your sister ?	Sut mae eich chwaer ?
She is a little better, thank you.	Y mae hi ychydig yn well, diolch i chwi.
My brother is not very well.	Nid yw fy mrawd yn dda iawn.
I am very sorry to hear that.	Y mae'n ddrwg iawn gennyf glywed hynny.
I did not know he was ill.	Nid oeddwn yn gwybod ei fod yn sâl.
He has got a cold.	Y mae wedi cael anwyd.
He is in very good spirits.	Mae'n galonnog iawn.
The doctor sees him every day.	Mae'r meddyg yn ei weld bob dydd.
I hope he will soon recover.	Gobeithiaf y gwellhâ'n fuan.
How old is your brother ?	Beth yw oedran eich brawd ?
He is thirty-five.	Y mae'n bymtheg-ar-hugain.
Where are you going ?	I ba le yr ydych yn myned ?

11

I am going to ——.	Yr wyf yn myned i ——.
And after that.	Ac ar ôl hynny ?
Tell me ?	Dywedwch wrthyf.
Are you a married man ?	A ydych yn ŵr priod ?
We don't live far from here.	Nid ydym yn byw ymhell oddi yma.
Is this your house ?	Ai hwn yw eich tŷ chwi ?
You must come and see us.	Bydd raid i chwi ddod i'n gweld.
It will give me great pleasure.	Bydd yn bleser mawr i mi.
I will come this evening.	Deuaf heno.

TO ENQUIRE FOR ANYONE — I YMOFYN AM UNRHYW UN

Do you know anybody here of the name of —— ?	A ydych yn adnabod rhywun yma o'r enw —— ?
I do not know anyone of that name.	Nid wyf yn adnabod neb o'r enw yna.
Is there not a Mr. J—— living somewhere here ?	Onid oes na un o'r enw Mr. J——yn byw yn rhywle yma ?
Yes, I believe there is.	Oes, yr wyf yn credu bod.
Yes, there is a person of that name.	Oes, y mae yma berson o'r enw yna.
Do you know him ?	A ydych yn ei adnabod ?
I know him perfectly well.	Yr wyf yn ei adnabod yn berffaith dda.
Can you tell me where he lives ?	A fedrwch chwi ddweud wrthyf pa le mae yn byw ?
Whereabouts does he live ?	Tua pha le y mae yn byw ?
He lives close by.	Y mae yn byw yn ymyl.
He lives about five minutes walk from here.	Mae yn byw oddeutu taith pum munud oddi yma.

He lives in —— Street.	Mae'n byw yn Heol ——.
Here it is.	Dyma fe (S. Wales); fô (N.W.).
That is his house, straight before you.	Dyna ei dŷ, yn union o'ch blaen.
There he is standing at the door.	Dacw fe, yn sefyll wrth y drws.
I cannot tell you.	Ni allaf ddweud wrthych.
Can you direct me to his house ?	A fedrwch chwi fy nghyfeirio i'w dŷ ?
Which way had I better go ?	Pa ffordd fyddai orau i mi fyned?
I am going that way myself.	Yr wyf yn myned y ffordd yna fy hunan.
I will go with you.	Mi âf gyda chwi.
I will not trouble you.	Ni roddaf drafferth i chwi.
It is no trouble at all.	Nid yw'n drafferth o gwbl.
I will show you where he lives.	Dangosaf i chwi pa le y mae'n byw.

ON THE ROAD

AR Y FFORDD

Will you come for a walk ?	A ddewch chwi am dro ?
Let us go for a walk.	Gadewch i ni fyned am dro.
Will you come with us ?	A ddewch chwi gyda ni ?
Willingly.	Yn ewyllysgar.
With great pleasure.	Gyda phob pleser.
I do not think I can.	Nid wyf yn meddwl y gallaf.
It will be pleasant walking.	Bydd yn bleserus i gerdded.
Are you ready to start ?	A ydych yn barod i gychwyn ?
Yes, make haste.	Ydwyf; brysiwch.
I am waiting for you.	Yr wyf am aros am danoch.
Don't be long.	Peidiwch a bod yn hir.

I will be with you in a minute.	**Byddaf gyda chwi mewn munud.**
Now I am ready.	**Yn awr yr wyf yn barod.**
Had we better take an umbrella ?	**A fyddai yn well i ni gymryd glawlen ?**
Perhaps it would be safer.	**Efallai y byddai yn fwy diogel.**
Which way shall we go ?	**Pa ffordd y cawn ni fyned ?**
Whichever way you like.	**Y ffordd y mynnoch.**
How dusty the roads are.	**Mor llychlyd y mae'r ffyrdd.**
The rain has laid the dust.	**Mae'r glaw wedi gostwng y llwch.**
It is very dirty.	**Y mae'n frwnt iawn (N.W., fudr).**
We must pick our way.	**Rhaid i ni bigo ein ffordd.**
Let us go across the fields.	**Gadewch i ni fyned ar draws y caeau.**
Isn't the grass wet ?	**Onid yw'r borfa yn wlyb ?**
We can keep on the path.	**Gallwn gadw ar y llwybr.**
Let us go through the wood.	**Gadewch i ni fyned drwy'r coed.**
We shall be sheltered from the sun.	**Cawn ein cysgodi rhag yr haul.**
Let us walk in the shade.	**Gadewch i ni gerdded yn y cysgod.**
Which is the path ?	**Pa un yw'r llwybr.**
Let us take this footpath.	**Gadewch i ni gymryd y llwybr-troed yma.**
How far shall we go ?	**Pa mor bell y cawn ni fyned ?**
We will not go very far.	**Nid awn ymhell iawn.**
This is a very pleasant road.	**Mae hon yn ffordd hyfryd iawn.**
I must not be long away.	**Rhaid i mi beidio bod yn hir i ffwrdd.**

14

We will turn back soon.	Ni drown yn ôl yn fuan.
Do you feel tired ?	A ydych yn teimlo'n flinedig ?
I can walk any distance.	Medraf gerdded unrhyw bellter.
Let us return the nearest way.	Gadewch i ni ddychwelyd y ffordd agosaf.
I want to be home in good time.	Mae arnaf eisiau bod gartref mewn amser da.
It is quite early.	Mae'n ddigon cynnar.
It is only seven o'clock.	Nid yw hi ond saith o'r gloch.

THE SHOPS	Y SIOPAU
I want to buy ——.	Mae arnaf eisiau prynu ——.
Where can I get it ?	Pa le y gallaf ei gael ?
Is there a shop near ?	A oes siop yn agos ?
Will you come with me to the shop ?	A ddewch chwi gyda mi i'r siop ?
I do not think I can.	Nid wyf yn meddwl y gallaf.
I cannot go now.	Ni allaf fyned yn awr.
My time is so much occupied.	Y mae fy amser mor brin.
I am always so busy.	Yr wyf yn wastad mor brysur.
Good morning, sir ? What can I show you ?	Bore da, syr. Pa beth gaf fi ddangos i chwi ?
Do you sell —— ?	A ydych yn gwerthu —— ?
I want a hat.	Mae arnaf eisiau het.
A pair of stockings.	Pâr o hosanau.
A shirt.	Crŷs.
Collars.	Coleri.
What is the price of this ?	Beth yw pris hwn—hon ?

15

Please try this on.	Gwelwch yn dda dreio hon
How do you sell this ?	Pa bris yw hwn ?
I want a pair of shoes.	Mae arnaf eisiau pâr o esgidiau.
What price do you wish.	Pa bris ydych yn ei ddewis.
These are too small.	Mae'r rhai hyn yn rhy fach.
These are too large.	Mae'r rhai hyn yn rhy fawr.
How much ?	Pa faint ?
Is this the best you have ?	Ai hwn yw'r gorau sydd gennych?
This will do.	Gwna hwn y tro.
That is more than I intended giving.	Mae hyn yn fwy nag y bwriadwn ei roddi.
Have you any cheaper ?	A oes gennych ddim rhatach ?
Can you not let me have it any cheaper ?	Onid ellwch chwi adael i mi ei gael yn rhatach ?
I will take these. Send them to The Queen's Hotel, No. 11.	Cymeraf y rhai hyn. Danfonwch hwynt i'r Queen's Hotel, Rhif un-ar-ddeg.
Have you any new books ?	A oes gennych chwi lyfrau new-yddion ?
Have you seen this ? It is only just out.	A welsoch chwi hwn ? Nid yw ond newydd ddyfod allan.
It is only a shilling.	Nid yw ond swllt.
I want a pound and a half of sugar and also half a pound of butter.	Mae arnaf eisiau pwys a hanner o siwgr, a hanner pwys o ymenyn hefyd.
Have you any good tea ?	A oes gennych dê da ?
What is the price of the best tea?	Beth ydyw pris y tê gorau ?
How much is it a pound ?	Pa faint y pwys ydyw ?
The best is four shillings a pound.	Mae'r gorau yn bedwar swllt y pwys.

16

We have some very good tea at half-a-crown.	Mae gennym dê da iawn am hanner-coron.
I will take a pound of the half-crown tea.	Cymeraf bwys o dê hanner-coron.
Where shall I send it ?	I ba le y caf ei ddanfon ?
I will call for it on my way back.	Galwaf am dano ar fy ffordd yn ôl.
You had better let me send it.	Gwell i chwi adael i mi ei ddanfon.
It is not necessary, I will take the parcel with me.	Nid yw yn angenrheidiol. Cymeraf y parsel gyda mi.
I want my hair cut.	Mae arnaf eisiau torri fy ngwallt.
I will call again.	Galwaf eto.

THE VISIT

YR YMWELIAD

Is Mr. —— at home ?	A ydyw Mr. —— gartref ?
Yes, come in.	Ydyw; dewch i mewn.
No, he has just gone out.	Nac ydyw y mae newydd fyned allan.
He will be here directly.	Bydd yma yn fuan.
He has gone to meet his father.	Mae efe wedi myned i gyfarfod ei dad.
Please come in; I do not think he will be long.	Dewch i mewn, os gwelwch yn dda; nid wyf yn meddwl y bydd yn hir.
Here they are.	Dyma nhw.
I am glad to see you again.	Yr wyf yn falch o'ch gweled eto.
Which way did you come ?	Pa ffordd y daethoch ?
Mary, call your mother.	Mari, galwch ar eich mam.
Wife, this is Mr.——. You remember him ?	Wraig, dyma Mr. ——. Yr ydych yn ei gofio ef.

17

I remember him very well.	Yr wyf yn ei gofio ef yn dda iawn.
I am very glad to see you, Mr. ——.	Mae'n dda iawn gennyf eich gweled, Mr. ——.
How are all the family ?	Sut mae'r teulu i gyd ?
Won't you take a seat ?	Wnewch chwi ddim eistedd ?
Come and have a look at my flowers.	Dewch i gael golwg ar fy mlodau.
I have but a small garden	Nid oes gennyf fi ond gardd fechan.
Come up this way.	Dewch i fyny'r ffordd yma.
You have a fine collection of flowers.	Mae gennych gasgliad hardd o flodau.
They look well.	Maent yn edrych yn dda.
These are very pretty.	Mae'r rhai hyn yn brydferth iawn.
What flower is this ?	Pa flodeuyn yw hwn ?
A little rain would do good.	Gwnai ychydig o law ddaioni.
May I pluck a rose ?	A gaf fi dorri rhosyn ?
Of course.	Wrth gwrs.
This is a fine one.	Mae hwn yn un braf.
It is clearing off. We shall have fine weather tomorrow.	Mae'n clirio. Cawn dywydd braf yfory.
Who is that gentleman ?	Pwy yw'r boneddwr yna ?
What is his name ?	Pa beth yw ei enw ?
Do you know his name ?	A ydych chwi yn gwybod ei enw?
I think I know him.	Yr wyf yn meddwl fy mod yn ei adnabod.
I have never spoken to him.	Nid wyf erioed wedi siarad ag ef.
I know him by sight.	Yr wyf yn ei adnabod o ran ei weled.

Do you know Mr. —— ?	A ydych yn adnabod Mr. —— ?
Have you seen the Castle ?	A ydych wedi gweld y Castell ?
I saw it the other day.	Gwelais ef y dydd o'r blaen.
Excuse my leaving you.	Esgusodwch fi am eich gadael.
But really I must go.	Ond yn wir, rhaid i mi fyned.
Wait a little.	Aroswch dipyn bach.
I must go.	Rhaid i mi fyned.
I must say farewell.	Rhaid i mi ddweud ffarwel.
When do you intend leaving ?	Pa bryd yr ydych yn bwriadu ymadael ?
Next Monday.	Dydd Llun nesaf.
I shall be starting tomorrow morning.	Byddaf yn cychwyn bore yfory.
Remember me to all at home.	Cofiwch fi at bawb gartref.
I hope to see you again soon.	Gobeithiaf eich gweld yn fuan eto.
Good afternoon.	Prynhawn da.
Farewell ! A pleasant journey.	Ffarwel ! A thaith bleserus.

Vocabulary—Geirfa

(The "i" is long in "Sir" as "ee" in "queen")

COUNTIES OF WALES   SIROEDD CYMRU

Glamorganshire.	Sir Forgannwg.
Carmarthenshire.	Sir Gaerfyrddin.
Brecknockshire.	Sir Frycheiniog.
Pembrokeshire.	Sir Benfro.
Cardiganshire.	Sir Aberteifi.
Radnorshire.	Sir Faesyfed.
Caernarvonshire.	Sir Gaernarfon.
Anglesea.	Sir Fôn.
Merionethshire.	Sir Feirionydd.
Montgomeryshire.	Sir Drefaldwyn.
Flintshire.	Sir Fflint.
Denbighshire.	Sir Ddinbych.

TIME   AMSER

A Second.	Eiliad.
Seconds.	Eiliaid.
A minute.	Munud.
Minutes.	Munudau.
An hour.	Awr.
Hours.	Oriau.
A day.	Dydd.
Days.	Dyddiau.
A week.	Wythnos.
A fortnight.	Pythefnos.
A month.	Mis.
Months.	Misoedd.
A year.	Blwyddyn.
Leap year.	Blwyddyn naid.
Years.	Blynyddoedd.
Century.	Canrif.
Centuries.	Canrifoedd.
An age.	Oes.
Ages.	Oesoedd, oesau.
Morning.	Bore.
Noon (Mid-day).	Canol-dydd.
Afternoon.	Prynhawn.
Evening.	Hwyr.
Night.	Nos.

ORDINAL NUMBERS, &c. | RHIFAU RHESTROL, &c.

The first.	Y cyntaf (f. y gyntaf).
The second.	Yr ail.
The third.	Y trydydd (f. y drydedd).
The fourth.	Y pedwerydd (f. y bedwaredd).
The fifth.	Y pumed (f. y bumed).
The sixth.	Y chweched.
The seventh.	Y seithfed.
The eighth.	Yr wythfed.
The ninth.	Y nawfed.
The tenth.	Y degfed (f. y ddegfed).
The eleventh.	Yr unfed-ar-ddeg.
The twentieth.	Yr ugeinfed.
The twenty-first.	Yr unfed-ar-hugain.
The twenty-second.	Yr ail-ar-hugain.
The twenty-third.	Y trydydd-ar-hugain.
The thirtieth.	Y degfed-ar-hugain.
The thirty-first.	Yr unfed-ar-ddeg-ar-hugain.
The fortieth.	Y deugeinfed.
The hundredth.	Y canfed (f. y ganfed).
The thousandth.	Y milfed (f. y filfed).
Quarter.	Chwarter.
Half.	Hanner.
Three-quarters.	Tri-chwarter.
One-and-a-half.	Un a hanner.
A pair.	Pâr.
A couple.	Cwpwl.
A score.	Ugain.
A dozen.	Dwsin.
Half-a-dozen.	Hanner-dwsin.
Single.	Sengl.
Double.	Dwbl.
Three at a time.	Tri ar y tro.
All at once.	Y cwbl ar unwaith. (f.—feminine).

CARDINAL NUMBERS	RHIFAU ARBENNIG
One.	Un.
Two.	Dau (f. dwy).
Three.	Tri (f. tair).
Four.	Pedwar (f. pedair).
Five.	Pump (Pum when preceding a noun, e.g., pum dyn).
Six.	Chwech.
Seven.	Saith.
Eight.	Wyth.
Nine.	Naw.
Ten.	Deg.
Eleven.	Un-ar-ddeg.
Twelve.	Deuddeg.
Thirteen.	Tri-ar-ddeg.
Fourteen.	Pedwar-ar-ddeg.
Fifteen.	Pymtheg.
Sixteen.	Un-ar-bymtheg.
Seventeen.	Dau-ar-bymtheg.
Eighteen.	Tri-ar-bymtheg, Deunaw.
Nineteen.	Pedwar-ar-bymtheg.
Twenty.	Ugain.
Twenty-one.	Un-ar-ugain.
Twenty-two.	Dau-ar-ugain.
Twenty-five.	Pump-ar-ugain.
Thirty.	Deg-ar-ugain.
Thirty-one.	Un-ar-ddeg-ar-hugain.
Forty.	Deugain.
Fifty.	Hanner cant.
Sixty.	Trigain.
Seventy.	Trigain-a-deg.
Eighty.	Pedwar-ugain.
Ninety.	Pedwar-ugain-a-deg.
Hundred.	Cant.
Two hundred.	Dau gant.
Five hundred.	Pum cant.
Thousand.	Mil.
One thousand nine hundred and ninety-nine.	Mil naw cant naw deg a naw.
Million.	Miliwn.
	(f.—feminine).

MONEY	ARIAN
Farthing.	Ffyrling.
Halfpenny.	Dimai.
One penny.	Ceiniog.
Twopence.	Dwy geiniog.
Twopence halfpenny	Dwy (geiniog) a dimai.
Threepence.	Tair ceiniog.
Fourpence.	Grôt.
Fivepence.	Pum ceiniog.
Sixpence.	Chwecheiniog.
Sevenpence.	Saith ceiniog.
Eightpence.	Wyth ceiniog.
Ninepence.	Naw ceiniog.
Tenpence.	Deg ceiniog.
Elevenpence.	Un-geiniog-ar-ddeg.
Shilling.	Swllt.
Thirteen pence.	Tair-ceiniog-ar-ddeg.
Fourteen pence.	Pedair-ceiniog-ar-ddeg.
Fifteen pence.	Pymtheg ceiniog.
One and a penny.	Swllt a cheiniog.
One and twopence.	Swllt a dwy (geiniog).
One and threepence.	Swllt a thair (ceiniog).
One and fourpence.	Swllt a grôt.
Sixteen pence.	Un-geiniog-ar-bymtheg.
Seventeen pence.	Dwy-geiniog-ar-bymtheg.
Eighteen pence.	Deunaw (ceiniog).
Twenty pence.	Ugain ceiniog.
Twenty-one pence.	Un-geiniog-ar-hugain.
Two shillings.	Dau swllt.
Half-a-crown.	Hanner-coron.
Three shillings.	Tri swllt.
Four shillings.	Pedwar swllt.
Five shillings (crown).	Coron.
Seven and sixpence.	Saith-a-chwech.
Ten shillings.	Deg swllt.
Half-a-sovereign.	Hanner-sofren.
Twelve shillings.	Deuddeg swllt.
Thirteen shillings.	Tri-swllt-ar-ddeg.
Fifteen shillings.	Pymtheg swllt.
Sixteen shillings.	Un-swllt-ar-bymtheg.
Pound.	Punt.
Sovereign.	Sofren.
Guinea.	Gini.
Five pounds.	Pum punt.